환귀본처

還歸本處

허남준 시집

호맥

책 머리에

새싹이 돋아나고 연두빛이 감아도는 지난 봄날, 출간을 계획하였으나 여의치 못해 무더운 여름 지나, 오곡이 익어가는 가을로 접어드는 계절에 열 번째 시집은 신문사 월간 계간지등에 발표한 작품을 모아 출간하게 되었다.

모두가 어려운 시절 지난번 빚진(6·25전쟁)나라 자유와 평화를 위해 만리 타국에서 희생된 참전 용사들의 혼이 깃든 베트남 격전지와 독립운동을 위해 헌신한 안중근 의사의 영정과 유묵비가 있는 일본 사찰을 답사하여 가슴아픈 지난 역사를 되돌아 보았다.

이번 시집 출판을 위해 일부 협조해주신 고. 권오현 법사님의 장녀이신 권미숙 여사님께 감사들리며 끝으로 이 시집을 인연으로 독자님들의 건강을 두손 모읍니다.

만촌 산방에서

■책 머리에 / 허 남 준

제1부 남해 쪽빛 바다

12 • 남해 쪽빛 바다

13 • 억새꽃

14 • 송강정松江亭

15 • 소백산 희방 폭포

16 • 망우공원

17 • 한묵령

18 • 해산령

19 • 비슬산 진달래꽃(참꽃)

20 • 구룡포 바닷가

21 • 하동 차茶 밭

22 • 선정릉 둘레길

23 • 보성 차茶 밭

24 • 월송정越松亭

25 • DMZ휴전선

26 • 환귀본처還歸本處

28 • 단양 옥순봉

29 • 남 설악산 오색 약수처

30 • 내린천

제2부 꽃잎 위 이슬

32 · 촛대 바위
33 · 구절초
34 · 주왕산
35 · 주왕산 주산 저수지
36 · 송정 고택松庭古宅
37 · 송소 고택松韶古宅
38 · 신성계곡(백석탄)
39 · 옥계 폭포
40 · 백화산 마애삼존불
41 · 꽃잎 위 이슬
42 · 배롱나무(백일홍)
43 · 영취산 진달래 꽃
44 · 찔레꽃
45 · 제비꽃
46 · 철원 삼부연 폭포
47 · 흥법사지寺址
48 · 임진강

차례

제3부 청풍 호반 금월봉

50 · 부여 궁남지
51 · 민둥산 억새꽃
52 · 과메기
53 · 상선암
54 · 영국사 은행나무
55 · 청풍 호반 금월봉
56 · 심곡 바닷가 부채 길
57 · 태종대
58 · 소수서원 은행나무
59 · 대구 청라언덕
60 · 봉화 닭실 마을
61 · 괴시槐市마을
62 · 금강송金剛松 소나무 길
63 · 일흔古稀을 넘어보니
64 · 일흔古稀한해
65 · 지리산 피앗골 연곡사
66 · 금호강

제4부 식영정息影亭

- 68 · 비 오는 새벽길
- 69 · 가을 산행
- 70 · 금호강의 겨울 철새
- 71 · 소쇄원
- 72 · 식영정息影亭
- 73 · 능소화
- 74 · 강릉 초당 두부
- 75 · 팔공산 동화사八公山 桐華寺
- 76 · 삼성동 골목길
- 77 · 그리움
- 78 · 삶生과 죽음死
- 79 · 거제 대숲 길
- 80 · 백암사白岩寺
- 81 · 백암산 고지에서 바라본 북한강
- 82 · GOP안 GP
- 83 · 만휴정萬休亭
- 84 · 백암산

제5부 서석지瑞石池

86 · 고심사
87 · 권오현 법사님
88 · DMZ(비무장지대)
89 · 강화 평화 전망대
90 · 광성보廣城堡
91 · 망배단望拜壇
92 · 어머님 생각
93 · 가을
94 · 메타세쿼이아 길
95 · 스리랑카 차밭
96 · 두들 마을
97 · 서석지瑞石池
98 · 석간 고택石澗古宅
99 · 석계 고택石溪古宅
100 · 선바위
101 · 유우당惟宇堂
102 · 주실 마을 호은종택壺隱宗宅

제6부 일본

104 · 안중근 의사 유묵이 있는 사원(쿠리고마 청운사)
105 · 안중근 의사 유묵비가 있는 사원(구리하라 대림사)
106 · 가마쿠라 청동대불
107 · 동궁
108 · 삼나무 숲길
109 · 하코네 아시노코 호수
110 · 하코네 소운산
111 · 후쿠오카 동장사
112 · 기린코 호수
113 · 지온노 타키 폭포
114 · 태재부 천만궁 신사
115 · 뱃부 지옥 온천

차례

| 제7부 | **베트남** |

118 · 한기둥 사원
119 · 바딘광장
120 · 호아루 번롱 호수
121 · 호암 끼엠 호수
122 · 하롱 베이
123 · 영음사靈應寺해수관음상(높이65m)
124 · 다낭 성당
125 · 바나산(국립공원)
126 · 티엔무 사원
127 · 마블 마운틴 영음사靈應寺
128 · 후에왕궁
129 · 호이안
130 · 투본강 섬마을(도자기 목공예마을)

격려의 글 / 김 봉 군 · 131
격려의 글 / 엄 창 섭 · 132
격려의 글 / 김 송 배 · 133

1부
남해 쪽빛 바다

남해 쪽빛 바다

지친 몸 보듬어 안은 아늑한 바닷가
갈매기 낮게 날고
잔잔히 밀려오는 하얀 포말로 밀어내는
파도 소리 듣노라면
해풍海風에 묻어 흐르는
비릿한 바다 내음이 흐른다

하늘과 맞닿은 검푸른 바다를 향해
질주하던 산맥이 풍덩 빠져있는
쪽빛 바다는 장쾌함이 묻어 흐르고
검푸른 파도 물결 소리는
지난 세월을 지우려 하고 있다

*2024 월간 훈맥문학 3월호

억새꽃

세월 안고 싯누렇게 퇴색된 억새꽃
산 중턱을 가로질러 불어오는 바람에
몸을 맡긴 채
백발로 변해버린 머리를 흔들며
이별이 가까워 온다는 것은
깊어가는 가을바람에
은빛으로 알리는듯하다

서늘한 바람에 황톳빛으로
말라만 가는 억새꽃들은
햇빛 머금은 은빛 꽃으로
무심한 세월 속 흔들리다 고개 숙여
그리움만 쌓여져간다

*2024년 월간 호맥문학 3월호

송강정 松江亭

대숲에서 솔숲으로 초록 바람 흐르고
산과 산이 마주앉아 있는 자리에
바람소리 더욱 애잔한데
까마득히 잊어버린 옛 선비 그리움이
청산에 구름처럼 흐른다

청산이 누워있는 산봉우리엔
낭랑한 하늘 빛깔 바라보며
화려했던 옛 선비 꿈 체념하며
흐르는 세월 앞에
돌아올 수 없는 삶을 그리워 한다

*2023년 한국 현대 시 29호

※ 측면에는 죽록정竹綠亭 정면에는 송강정松江亭 현판이 있음

소백산 희방 폭포

소백산 연화봉과 흙과 바위를 뚫어
흐르는 청정한 계곡물소리는
마음속 깊은 곳에 오감을 두드린다.

가는 길이 멀다 하여
쉬지 않고 흐르는 물은 암벽을 만나자
무서운 기색도 없이
수직 하강하는 데
붉게 물든 단풍잎이 떨어진
낙엽이 소복이 쌓여 쉬어가는 산 계곡 따라
물빛이 빨갛게 굽이치며
흐르는 물소리에
무심코 바라보는 길손의 마음을
멈추게 한다

*2023년 훈맥문학가협회 사화집17호

망우공원

멀리 보이는 팔공산과 구름 하늘땅이
어울려 물결치는 곳을 바라보는
영남 제일 관문은
닫힌 문을 활짝 열어두니
바람과 햇살이 좋아하며
닫힌 마음의 문도 열린다

이른 봄 햇살이 쏟아지는 공원 언덕 길
추워도 향기를 팔지 않는 홍매화 한그루
흐트러지게 핀 꽃잎이
바람에 바르르 떨며
침묵하고 있어도 향기를 풍기니
상춘객이 몰려들고 있다

*2023 대구 펜문학 23호

※ 대구 향토 문화유산 영남 제일 관문(남문)은 1906년 대구 읍성이 헐리면서 1980년 이곳 수성구 만촌동 망우공원에 중건하였음.

한묵령

북한강 상류 물길을 품고 있는
고산 준령 넘어가는 한묵령
적막감만 감아도는데
한묵령 정상에 오르자
용트림 내리는 듯한 작전 도로
초록으로 물든 침묵의 땅은
민통선
지뢰대의 빨간 삼각 경고 표시만
가슴 아픈 지난 전쟁사의
슬픈 역사를 말해 주고 있는 듯 하다

*2023년 월간 한올 문학 4월호

※ 북한강 북쪽은 임남댐, 남쪽 최상류는 평화의 댐. 파라호-춘천댐을 지나면 소양강댐과 합류한 의암호를 지나 남한강과 합류함. 남쪽 상류 평화의 댐은 북쪽 수공작전에 대비 전 국민 성금으로 전두환 전 대통령이 만든것임. 그 후 김대중 대통령이 보완했음.

해산령

북한강 호수를 품고 있는 해산령
아흔 아홉굽이 길을 돌고 돌다보면
바람도 향기를 머금은 듯 하고
고요속 들려오는 산계곡 물소리 바람소리
길손들의 마음마저 내려놓는다

산과 맑은 물과 어울림이 있는 해산령
걸린 운무雲霧는 한폭 산수화로 현현하며
고즈넉한 분위기 속 울창한 숲속 나무들은
주황색으로 물든 단풍잎들이
머지않아 이별하는 그리움에 젖어있다.

*2023년 월간 한올 문학7월호

※ 군인들이 100Km행군하면서 작명해낸 이름이며 해발 1190m임.
남한 최북단 가장 높은곳에 있는 터널은 양구로 넘어가는 도로이며 1986년 준공하였으며 길이는 1986m임.

비슬산 진달래꽃(참꽃)

생명의 등불을 밝히는 봄날
온몸이 벌겋게 이글거리며
달아올라 있는 비슬산은
상처투성이다

산봉우리마다
알몸으로 뛰쳐나온 진달래꽃
짓눌렀던 지난겨울
참고 기다리던 몸이 뜨거워
폭발한 꽃들은 보는 이로 하여금
유혹의 눈빛을 보내고 있다

*2023년 월간 한올문학 4월호

구룡포 바닷가

비릿한 바다내음이 풍기는 바닷가 백사장엔
햇살이 투명하게 비췄다
높은 하늘은 파란색 바탕에
하얀 그림이 펼쳐진 가운데
수평선 멀리
하늘이 함께 일렁이는 파도는
떨림과 울림으로
하염없이 밀려오고 밀려가는
파도소리 듣고 있노라면
내 영혼을 흔들어 깨우는듯하고
마음속 깊은 곳에
오감을 두드리는 듯 한다

*2023년 훈맥문학가협회 17호 사화집

하동 차茶밭

섬진강과 화개천이 만나는 땅
지리산 험준한 산자락 비탈길
뿌리내린 차 나무 밭
녹색 뭉게구름을 깔아놓은 듯이
펼쳐져 있다

지리산 겹겹의 가파른 능선 타고
내려온 산자락
빛과 물과 바람이 빚어낸 땅
산안개 자욱이 머금고 있는 야생 차밭은
드문드문 돌과 바위까지 어우러져
이국적인 풍경을 자랑하고 있다

*2022년 9월 현대작가 13호

선정릉 둘레길

붉고 샛노란 갈색이 물든 선정릉
둘레길 따라 걷고 있노라면
쓸쓸한 가로등 불빛은 묵묵히 어두움을
걷어내고 있는데
보도블록 가로수 은행나무 이파리는
추억을 노랗게 물들이고 있다

가을을 다 품고 흐르는 갈바람 소리
단풍잎은 길 떠날 채비를 한가운데
공원 둘레길 벤치에 앉아 쉬노라면
가슴에 시린 외로움을 안고 바람에 날리는
낙엽이 달빛에 애간장 태우며
떨어지는 모습을 바라보며
인생이란 가슴에 시린 외로움을 느낀다

*2022년 하반기 현대 시협28호

보성 차茶 밭

눈보라 치던 황량한 산 능선
햇살이 포근하게 안기고
상처 난 몸과 마음을 어루만져 주며
싹을 틔운 어린 차 잎…
봄 봄을 부른다

대지는 얼었다 녹았다
섞바뀌는 계절
바람이 부드럽게 어루만져 주고
묵은 가지 겨드랑이 가렵더니
별처럼 돋아나는 초록 잎이
햇살에 반짝인다

*2018년 동국시집

월송정越松亭

바닷가 모래 위 가을 햇살이 쏟아지는데
동해 바다는 옥빛이다

하늘과 구름 노송老松이 어울려 물결치는 곳
오시라 손짓하지 않아도 찾아 가는 곳
몸이 달아 뒤척이는 파도소리에
바닷가 정자는 바람과 구름 달빛이
어울러 놀고 있네

푸른 하늘 보름달이
소나무 사이를 헤집고 바다에 은은히
빛을 드러낸 곳을 바라보는 정자는
솔향기 바다 내음에 젖어들고 있다

*2021년 6월 한국 현대시 25호

※ 달빛과 어울리는 솔숲속 월송정은 관동 팔경중 하나이며, 고려시대 지어진 누각으로 1980년대 옛 양식을 본따 지었으며 편액은 최규하 전 대통령 글씨임.

DMZ 휴전선

달빛 따라 능선이 아프게 누운
백암산과 적근산 방태산
중동부 전선이 가로 놓인 휴전선
외가닥 철조망은
넘지 못한 절망을 안고
흐르는 세월만큼
굳어져 가는 듯하다

포성이 멈춘 지 반세기가 지났지만
녹슨 철조망 외줄에 지뢰 경고만
또렷이 남아 있는 좁은 길 따라
적막감은 깊어져 가고
보초병의 눈빛은 매의 눈같이 사납다

*2022년 한국 현대시 상반기호

환귀본처還歸本處
―내가 본래 가야 할 먼 그곳

내가 본래 찾아가야 할 고향은
여기서 너무 멀다
부모님 몸 받아 오기 전의 그곳
어디인지 알 수 없지만
나중에 나 홀로 반드시 찾아가야 하는 곳

이 세상 무거운 짐 다 벗어놓고
뫼비우스의 띠처럼 이어지는 그곳으로
외롭고 힘들지만 가벼운 영혼으로 찾아가야 하리니

그리운 부모님이 계시고
가슴이 따뜻한 형제도 만나고
사랑이 샘솟는 사람도 있을
먼저 간 친구들 만나면 그림책도 보다가
대폿집으로 초대하여
우리들 오랜 이야기 싹을 띄울 것이다

내가 찾아가야 할 오래전 그곳
그리워했던 정토淨土에도 가보고
적멸보궁寂滅寶宮에도 들렸다가
내 이곳의 인연이 생각나면

구름으로 빗방울로 햇살로 바람으로
아니 온 듯 무시로 다녀 가리니

*2019년 훈맥문학가협회 사화집 13호

단양 옥순봉

산천을 가득 담아 흐르는 남한강
강물도 쉬어가는 곳
대나무 순처럼 쭉 뻗어 있는 바위는
산 빛 물빛 받아 가며
세월 녹아 흐르는 강물을
바라보는 옥순봉이여

구곡을 감아 흐르는 남한강물
물안개 피워 오르는 곳
산자락 버팀목이 된 웅장한 바위
마디마디 뿌리내린 푸른 나무 이파리들은
저마다 은밀한 바위 부위를 가리며
푸른 창공을 바라보고 있다

*2021년 훈맥문학가협회 사화집 15호

※ 김홍도(1745-1806) 병진년 '인걸은 가도 산천은 의구하다'는 뜻으로 화첩에 그린 그림은 보물 782호이며, 퇴계는 단양 관문이라는 뜻으로 바위에 단구 동문丹丘洞門이라는 뜻으로 글씨를 새기게 했다 함

남 설악산 오색 약수터

파란 하늘 아래 얕은 흰 구름이
산허리를 감고 있는 남 설악산
이파리마다 천태만상을 이루는 숲속
산새가 울고 햇살이 쏟아지는 약수터엔
사람들이 새빨간 옷을 입고 새처럼 모여들어
쇠맛이 나는 약수를 먹고 있다

작은 금강산이라 부르는 만경대 절벽마다
물과 나무 군락을 이루어
바람 불때마다 나부끼는 단풍잎은
햇살이 관통하면 광물처럼 반짝인다

발아래 뜨개질 하듯
붉게 물든 단풍잎이
카펫처럼 떨어진 낙엽을 밟고
살이 통통하게 오른 다람쥐는
도토리를 까먹고 있다

*2018년 훈맥문학가협회 사화집

내린천

방태산 산속 계곡
숲 향기 묻어 흐르는 강물
꼼짝하지 않는 바위는 휘어 감고
작은 바위는 뛰어넘어
세상이 어찌 됐든 개의치 않겠다는
마음 하나로
가진 것 하나 없이
무심으로 세월 담아 흐른다

가슴속 적시는 뿌리 깊은 나무들은
천리 밖 떠도는 바람 따라
가지마다 짙푸른 잎들은 손을 흔들고
시간과 공간을 뛰어넘어 흐르는 강물은
꿈속처럼 멀어져만 간다

*2018년 계간시원 봄호

※ 방태산 구룡덕봉 발원지인 내린천은 1급수로 산천어 쉬리 버들치 물고기가 살고 있음. 원시림의 풍경을 가진 아름다운 강이라 느낄수 있다.

2부
꽃잎 위 이슬

촛대 바위

가슴이 확 트이는 동해 바다
하늘이 출렁이며 맞닿은 듯 하고
손가락을 뻗는 듯 길고 가는 바위
천만 꿈이 부서지는 파도 소리
작은 바위 심는 소리
모래알 우는 소리
초연한 침묵 속
노을이 하나 둘 사라져 간다

영원으로 트인 길목의 바닷가
무엇하나 가진 것 없이
하늘을 향해 긴 몸 세운 바위는
해풍에 졸고 있는 파도 소리에
기다림으로 굳어져 있다

*2018년 8월 한국 현대작가 연대 창간호

구절초

푸른산 맑은 공기 뿜어대는
솔 향기 흐르는 솔 밭
골 바람 보듬고 피어난 구절초
그 향기 산천에 가득 퍼져 나가니
가을이 깊어 간다는 걸 알리는 듯 하다

솔바람 풍경을 흔들어 깨우는
결실의 풍성함을 꽃으로 알리는듯
소나무 숲 아래
고운 햇살 받아가며
가슴에 향기를 품고
가을 바람에 흔들리고 있다

*2019년 계간시원 겨울호

※ 정읍 옥정호 구절초 테마공원 산 언덕 솔 숲 아래 구절초 꽃만 면적이 9만제곱미터라고 함.

주왕산

생존의 경쟁에서 떠밀린 것들
바위를 부여잡고 절경을 이룬 나무들
바람이 차가워지면
산은 점점 붉은빛을 토해내며
끓어오르고 있다

위압감을 주지 않으려는 절제된 힘을
은연중 내보이는 고수풍이 있는
바위 사타구니를 타고 질주한 용추폭포
물 보라가 탄산수처럼 짜릿하다

당당하게 보이는 바위 봉우리들
매력적인 기암괴석이 갈라져 있는
작은 통로를 만들어 낸 길 따라
등산객들 얼굴은 홍엽처럼 벌겋다

*2018년 계간시원 봄호

※ 경북 청송 주왕산은 명승 제11호임.

주왕산 주산 저수지

산과 쪽빛 하늘 맑은 호수
조화를 이룬 저수지 물속
녹음방초綠陰芳草 가득한 나무들
세월의 흔적을 가슴에 안고
오색으로 물든 이파리들은
한 폭의 수채화로 현현하다

안개 낀 저수지 물속 나무들은
빛살 묻은 물안개 피어올라
영혼의 이슬이 맺혀 하나둘 떨어질 때
고요 속 영혼을 일깨우는 듯하다

*2020년 한국 현대시 하반기호

※ 조선 경종 1721년 완공된 농업용 저수지임. 저수지 안 왕버드나무 20여 그루는 신비감을 더해감.

송정 고택松庭古宅

그날처럼 따사롭던 햇살은 어디 가고
꿈속처럼 멀어져 간 지난 세월에
그대로 녹아든 고택은
겹겹이 둘려있는 산과 들을 바라보며
인연 땅
지는 해를 바라본다

산 위에 산이 있는 산자락
인연의 그리움을 안고 있는 고택은
무거운 마음으로 본연을 지키려는
종부의 삶이
가슴 안으로 젖어오는 아픔이
세월의 발자국 소리를 담고 있다

*월간호맥문학 2024년 7월호

※ 경북문화제 자료 제631호

송소 고택松韶古宅

겹겹이 둘려있는 산과 들을 바라보는
인연의 땅
그리움을 가슴속 품고 있는 고택은
옛 그대로이지만
구름으로 바람으로 지난 세월이
이정표처럼 말이 없다

무거운 생각들이 산처럼 쌓여있는
종부의 삶이 묻어있는 고택은
지난 세월이
바람에 울고 있는 그리움이 꿈처럼 피어난다

※ 경북 청송 파천면 덕천리 심부자 댁이라 부르기도 한 고택은 7개동 99칸으로 되어있음. 2007년 10월 12일 국가 민속 문화재 250호임.

신성계곡(백석탄)

푸른 잎이 떠나가고 그리움이 소복이
쌓인 낙엽이 모여있는 산을 벗 삼아
흐르는 신성계곡 맑은 물은
석양에 지는 해를 바라보며
세월도 덧없고 인걸도 무상하니
채우고 담을 것이 어디 있다 말인가

맑은 계곡물 흐르는 강가엔
긴 세월 각자 다른 사연을 간직한
검은 바위 하얀 바위들은
생김새가 제각각이지만
태고적 비바람 천년을 온 힘으로 버텨온
세월이 뭐라고 하는지
스쳐가는 강바람 소리뿐이다

※ 경북 청송군 안덕면 신성리. 유네스코 세계 지질 공원의 명소 중 하나임.

옥계 폭포

산과 산
흙과 바위 가슴 속 터지는 폭포수는
피리 소리 어디메뇨
암벽에 뿌리 내려 살아가는 나무들
가지마다 푸른 이파리들은
태고적 일던 바람에 흔들리니
길손들의 가슴 적시는듯하다

파란 물 검은 바위
세월 속에 반짝이고
밤하늘 달무리도 떠나는 흰 구름도
무심으로 흘러가니
피리소리 스쳐가는 세월이여

*2020년 개간 한국불교 문학 가을호

※ 박연(1378-1458)이 태어난 곳이며 고구려 왕산악 가야 우륵과 함께 3대 악성
이라 불린다 함. 또한 그가 음악을 익힌 자리가 옥계폭포임

백화산 마애삼존불

솔솔 부는 바람에
절로 옷깃을 여미게 하는 계절
천년의 숨결이 잠들어 있는 길은
바스락대는 낙엽 소리 밟으며
사색하며 걷기에 알맞으니
가장 먼저 풍경소리 독경소리 나그네를 맞이한다

높고 청명한 하늘 품은 계절
천년의 미소로움 간직한 마애삼존불
종착역을 향해 누워 잠들려는 서해바다
석양이 만들어 가는 붉은 노을 굽어보며
니르반야〈깨달음〉 길을 가리켜 주신 듯하다

*2019년 월간문학 10월호
*2019년 8월 6일 대구신문 '좋은 시를 찾아서'

※ 1995년 흙속에 묻혀 있던 대좌가 드러나면서 삼존불상의 웅장한 규모가 빛을 보게 된 충남 태안 동문리 마애삼존불은 백제시대의 불교 유입루트를 밝힐 수 있는 귀중한 작품으로 국보307호임.

꽃잎 위 이슬

밤이슬에 목욕하는 꽃망울은
생명을 눈뜨게 하는 활력수이지만

아름다운 향기 머무는 꽃잎 위 이슬은
생명을 북돋우는 감로수甘露水이다

지는 꽃잎에 이슬은
자연으로 돌아가는 슬픔의 눈물 이었다

*2019년 12월23일 대구신문 '좋은시를 찾아서'

배롱나무(백일홍)

매끈한 몸통
꾸불꾸불한 가지 끝마다
초여름 시작과 끝을 알리며
무더운 여름 내내 끊임없이
저녁 한 송이 지고
아침 한 송이 피워
일백일 동안 인내와 끈기로
피어난 꽃과 향기
애틋한 숨결로 다가온 듯하다

*2019년 8월1일 대구신문 '좋은 시를 찾아서'

※ 배롱나무(일명 백일홍)는 부산시 부산진구 양정동 팔백년이 된 나무가 있음.
1965년 천연기념물 168호로 지정 된 보호수임.

영취산 진달래 꽃

물관을 타고 오른 이른 봄
영취산 진달래 꽃
잎이 피기전 알몸으로
뜨거운 가슴이 터진 듯 한
붉게 불태우는 꽃잎
능선마다 봄 바람에
비명을 지르고 있다

젊은 태양이 계절을 갈아 입는 산
유혹할 누구도 없건만
뜨거운 만남의 열기로
달아오른 진달래 꽃
이곳 저곳 가릴 것 없이
불이 붙어 타고 있다

*2019년 6월 10일 대구신문 '좋은시를 찾아서'
*2019년 흔맥문학가협회 사화집

※ 여수 영취산은 축구장140개 넓이만큼 봄에는 진달래 붉은 꽃이 피어있음.

찔레꽃

햇살이 포근하게 안기는
양지 바른 남향
하얀 모습으로 미소를 머금고
핀 꽃이 언덕을 넘어
향기를 풍기고 있다

이른 아침 별빛처럼
곳곳에 꽃망울을 틔운 찔레꽃
아름다운 꿈을 싣고
순박하게 핀 꽃잎은
생긋이 웃고 있다

*2019년 4월 23일 대구신문 '좋은시를 찾아서'

제비꽃

햇살이 포근하게 안기는 계절
땅바닥에 주저앉아
날렵하게 생긴 꽃잎을 뒤로 하고
활짝 펼쳐 피어난 자주꽃은
생긋 웃고만 있다

양지바른 땅
개미집 주변 비옥한 흙에
뿌리 내리고
물찬 제비처럼
쑥쑥 자라난 보라색 꽃은
수줍은 듯 살짝 고개 숙인다

*2019년 10월30일 대구신문 '명시를 찾아서'

철원 삼부연 폭포

긴긴 세월 산바람 타고
쉼 없이 쏟아지는 폭포수
나는 바라보고
물은 아래로 내려와
말갛게 굽이쳐 돌아가는데…
고인 물은 설화로 남아
나그네 가슴 속 적시는 듯하다

주상절리 절벽 틈을 뚫어
살아가는 푸른 잎 식물들은
저마다 물소리 바람소리
흰 구름 담아
하늘 길을 바라본다

*2019년 9월 7일 대구신문 '좋은 시를 찾아서'

※ 강원 철원에 있는 폭포는 궁예가 도읍을 정할 때 이 못에 살던 이무기 세 마리
 가 하늘로 올랐다 함.
※ 겸제 정선(1676-1759) 금강산 가는 길에 세차례 그림을 그렸다 함.

흥법사지寺址

가을 햇살이 현기롭던 건등산
선명한 기억으로 사로잡아오던 사지寺址엔
정적만이 감아 돌고
기다림으로 남아 있는 승묘탑은
세월 안고 노을길에 서 있다

가람을 받들던 겹겹의 쌓인 축대들은
싸늘한 흙속에 묻히고
엄연한 자취로 남은 사원터엔
풀숲에 가려져
고요히 들려오는 풀벌레 소리에
슬픈 침묵이 흐르는 역사여

　　*2019년11월25일 대구신문 '명시를 찾아서'

※ 강원 원주 폐사지 흥법사지는 고려태조 왕건이 왕사로 모시던 진공대사 승탑
　비와 돌관등은 국립 중앙 박물관에 소장하고 있음

임진강

북에서 남으로 서해로 흐르는 강
자욱한 안개속을
밤 낮 잠들지 못하고 엎드린 자세로
제 깊이를 따라 흐를 따름이다

피맺힌 울음이 있는 역사의 굽이마다
출렁거리며 끊임없이 흐르는 강물
고랑포 절벽위 경순왕〈신라 마지막 왕〉능을 바라보며
흐르는 임진강이여

땅을 일구어 적신 강 기슭에 있는
감악산 계곡물도 품고 초평도 풍경을 담아
해마루촌과 덕진 산성을 바라보며
지난 육이오 전쟁 상처 덮으며
임진강 굽이굽이 강물 되어 흐른다

*2019년 4월 월간문학세계

※ 서기978년 신라 마지막 왕인 경순왕이 고랑포 나루를 건너지 못하고 언덕베기에 묻혔음

3부
청풍 호반 금월봉

부여 궁남지

백제 향수가 흐르는 궁남지 포룡정엔
해가 저물면
밤 하늘 가득 풀어 놓은 달빛은
옛 백제 역사를 말해 준 듯 하고
물가에 늘어선 물푸레 나무 가지들은
물빛에 젖어 들면
역사가 고달푼 몸으로 찾아온다

연꽃 향기 그윽한 연못엔
널따란 연잎 위에 청개구리 앉아 놀고
달빛 푸른 궁남지엔
목 놓아 부르는 백제 마지막 도읍
정수精髓가 떠 오르는 역사여

*2017년 8월 월간호맥문학

민둥산 억새꽃

하늘이 맑은 날
민둥산 7부 능선을 지나
정상이 멀리 보이는 구릉지엔
물 그리메 곱게 번지는 억새꽃
허욕으로만 남은 욕망으로
바람에 너울너울 흔들리고 있다

이별과 죽음을 뒤흔드는 바람에
울면서도 칼날처럼 서 있는 억새꽃
하얗게 말라만 가고
가까워지다 멀어지는
허리 감아 도는 산바람
나는 한동안 생각에 잠긴다

*계간 시원 2021 겨울호(제22)호
*한국 현대시 2021 하반기호

과메기

늦가을
바다 내음이 물씬 풍기는 비릿한 포구
오감五感이 느껴지는
쫄깃하고 고소하며 달콤한
깊은 맛을 품고 있는 바다 별미別味가
걸려있는 구룡포 덕장엔
꽁치 배를 갈라
바다 바람에 3~4일 말린 배지기들
불그스레한 빛깔을 띤 채
시리도록 푸른 동해바닷가
해풍을 맞고 있다

*2021년 12월 현대작가 10호

상선암

첩첩산중 계곡물이
너덕 바위 사이를 돌고 돌아 흐르는 곳
오색 향기 품은 가을바람이 지나가니
나무들은 잔가지를 흔들어
세월의 무상함을 알리는 듯하다

장쾌한 물소리는 세상 소음 덮는 듯 하고
연 푸른 빛을 띤 옥색 물결 위
햇빛에 반사되어 빛을 발사 하는데
계곡 아래 물소리는 인간의 경계境界가
아닌 듯하다

*2020년 제1회 충북도 시인협회 '시로 물들다'

※ 충북 단양 상선암은 중간에 있는 중선암, 끝에 있는 것은 하선암, 합해 단양 8경에 해당됨

영국사 은행나무

이 땅에 숱한 고난을 겪을 때
나는 속울음을
영욕榮辱의 역사를 지켜보며
천년이란 긴 세월을 견뎌온 나무
한 자리에 뿌리 내려 거대한 몸짓으로 불렸서
연촉록 빛깔이 또 그렇게 금빛으로
물들이고 있다

천년 세월 담고 흐르는 천태산
단풍과 어울리며
홀로 황금빛을 내는 은행나무는
만탑봉 삼층 석탑을 바라보며
슬픔도 무르익어 단물 드는 가을임을 알린다

*2017년 한국 현대시 18호

※ 충북 영동 영국사 은행나무는 천연기념물 223호이며, 높이 31m, 둘레 11m, 수령 1000살 정도이며, 국가에 큰 어려움이 있을 때마다 소리내어 운다고 함

청풍 호반 금월봉

아픔이 산이 되어 있는 호수 옆
장엄한 석회암 봉우리들은
독백의 계절 앞에
뜨거운 가슴을 내밀어
노을 빛에 문지르고 있는 듯하다

땅 속 깊이 아픔을 뚫어
솟아오른 바위들
물안개 피워 오른 호수
머무른 달빛 받아가며
뒤척이는 바람소리 듣고 있다

*2021년 흰맥문학기협회 사화집 15호

※ 1993년 시멘트 원로인 점토를 채굴하다가 바위에 부딪혔다. 점토를 골라 파 내고 보니 웅장한 모습의 석회암 봉우리는 그대로 보존되고 금성면 월굴리 이 름을 따서 금월봉錦月峰이라 하였음

심곡 바닷가 부채 길

마음 때가 씻겨 진 듯한
바닥 까지 들여다 보이는
옥빛 동해 바닷가
부채처럼 펼쳐진 기암괴석들
억겁의 세월이 새겨져 있는 듯하다

동해 바닷가의 배경을 보여주는 부채바위
투구를 쓴 장군 모습을 떠 올리는 투구바위
45도 각도로 기울어져 좌초하는 배의 모습
독특한 암석들이 곳곳에
바람이 솜 뭉치로 물결을 부수고 있는
수평선을 바라보고 있다

*2020년 10월 월간흐맥문학

태종대

장쾌한 기백이 흐르는 태종대 절벽아래
두려워 하지 않는 파도는
양보없이 기어 올랐다
부서지는 소리에
등대는 잠을 못 이루어
눈만 깜빡 깜빡 거린다

바다 위 떠도는 갈매기 울음소리
하늘 끝에 맴돌고
바람은 깊은 바다를 향해 숨을 쉬는데
파도는 몸부림 치며 달려들지만
기암 괴석 절벽은 묵묵히 말이 없다

*2020년 10월 월간호맥문학

소수서원 은행나무

세월 담아 흐르는 죽계천을
바라보는 고목古木은
찬연히 빛나는 시절은
어디로 숨었는지
꺾어지고 부러진 상처마다
덕지덕지 껍질이 굳어져
허물어져 가는데
이파리마다 슬픈 추억을
노오란 단풍잎에 새기며
떨어지는 쓸쓸함과
그리움을 보내고 있다

*2015년 호맥문학가협회 사회집

※ 수령 5백년 된 은행나무 두 그루는 1982년 경북 영주시 지정 보호수로 되었음

대구 청라언덕

평화로운 고개 마루 푸른
숲속 언덕길엔
근대 역사가 살아 숨쉬는 듯 하고
푸른 담쟁이 넝쿨이 휘감긴
붉은 가옥들 정원엔
화려하지 않으려 애쓴 백합꽃이
고개 숙여 피어난 향기는
고독한 바람으로 번지고 있다

복잡한 대도시 번잡함이 비켜난 곳
굴뚝과 뾰족한 박공지붕
지붕에 돌출한 뻐꾸기 창
오래 묵은 검게 반들거리는 나무 창틀 있는
붉은 벽돌집들은
세월만큼 무거워 보인다

   *2017년 흔맥문학가협회 사화집
   *2018년 10월 월간문학세계

※ 대구가 고향인 작곡가 박태준 선생이 이곡을 짓고, 시인 이은상 선생이 가사를 붙인 '동무생각'이라는 가곡에 나오는 언덕 이름이 청라언덕임.

봉화 닭실 마을

애련의 세월이 흐르는 석천 계곡
흘러가는 구름 따라
젖어드는 솔숲 길
들녘마다 벼가 익어가는 곳을 바라보는
나지막한 산자락
자리 잡은 닭실마을은
초록 바람이 가슴 안을 적시는 듯하다

골짜기 노을 밟아 내려오는 오솔길
이름 모른 야생화 꽃이 줄기마다 피워있는
가을 향기 가득한 마을 그대로
잠재운 바람
가을밤은 깊어만 간다

*2017년 훈맥문학가협회 사화집
*2018년 10월 월간문학세계

※ 안동 권씨 집성촌으로 500년 역사를 가진 마을은, 조선 중종때 문신 권벌 선생 유적지가 자리잡고 있음.

괴시槐市마을

낮은 담장 넘어 하늘과 풍경을
볼 수 있는 고택들은
지난 세월이 어디로 가버렸는지
무거운 짐 홀로 지고
뚜벅뚜벅 걸어온 발자취에
침묵만이 감아돌고 있다

푸른 송천松川 맑은 물과
백매화 피던 시절이 어제만 같은데
설운 세월 접고 가는 양반 댁과
마을 골목길을 서성대는 달빛이
이슥토록 밝히고 있다

남의 집 마당 위 내가 빌려서 즐길수 있는
나눔의 미학이 숨겨진 고택들은
망일봉이 있는 뒷산과 푸른 들판이 펼쳐져
하나 같이 일체감을 이루는 듯하다

*2020년 10월 월간흔맥문학

※ 조선시대 양반 가옥이 그대로 보존된 경북 영덕 괴시마을은 목은牧隱이색李穡
선생 생가와 마을 앞은 동해안 삼대 평야 하나인 영해 평야가 펼치고 있음.

금강송金剛松 소나무 길

소나무계의 대궐이라 할만한
금강 소나무 그림자를 드리우고 있는
진한 솔향香길 따라 걷고 또 걷다 보면
수백년 된 소나무가 뿜어내는 청정한
초록이 이들의 폐를 맑게 할 것이다

거대한 줄기를 뽐내는 미인송들은
하늘을 우러러 살아가는 듯 하고
푸른 잎과 잎들이 가슴을 펴고 있는 노송老松들은
완성된 한폭의 수묵화가 노을에 젖어 있다

*2019년 5월 월간문학세계

※ 경북 울진 금강 소나무 숲은 수령 520년이 된 보호수 두 그루를 포함해 350년 미인송과 200년 넘은 소나무 8만 그루 총 1280만 그루 소나무가 자생하고 있음

일흔古稀를 넘어보니

부모님 몸 받아 온 세월이 일흔古稀을 넘다보니
육신은 마지막 타 들어가는 장작불처럼 보인다

지난 세월보다 남은 세월이 작아 보이는 지금
죽음을 모르고 불빛을 탐하여 날아드는 불나방처럼
과거 무엇을 했다하고 목에 힘이 들어간 사람들
무슨 모임 단체에 와서 자랑하는 것도 우습다

알이 꽉 찬 벼처럼 스스로 고개 숙여 흐르는 세월에
순응하는 친구
서로 안부를 묻고 진심眞心으로 작은 것에 감사하며
맘을 나누어 주는 친구
서운함보다 좋은 기억을 하고 같이 밥 먹자며
따뜻하게 손 잡아주는 친구
감사하며 눈물 흘리며 사랑할 수 있는 나이가 되어 좋다

아름다운 향기 머무는 꽃잎과 푸르디푸른
초록 나무 이파리도 때가 되면 순번 없이 떨어지는데
인생 또한 순번 없이 끝낼 여정
태어남을 반추反芻해 보며
별로라고 했던 맘도 나를 받아주며 품어준다
보이지 않아도 사랑할 수 있는 나이가 되어 좋다

*2022년 흔맥문학가협회 사화집 제16호

일흔古稀 한해

부모님 몸 받아
이 생애 태어났던 그날처럼
눈물 나고 감사하고 축복 아니고는
아무나 받을 수 없는 귀한 인연의 선물이었다

날마다 공덕功德이 쌓이고 쌓여서
나도 모른 일흔古稀살을 먹고 보니
세월이 무엇인지 벌써 고희古稀를 맞이하였다

석양 노을처럼 단풍처럼 곱게 물들어 가면
당도 높고 빛깔 고운 과일처럼
사랑으로 익어갈 것이다

계곡 물이 강물 되고 바닷물이
하늘로 올라가듯
돌고 돌아가는 윤회輪廻 법칙 따라
내몸 바꾸어 가면서 영원으로 흘러가리라

*2024년 훈맥문학가협회 사화집 18호

지리산 피앗골 연곡사

지난 역사가 흘린 슬픔과 아픔 상처로
간직한 사원은
쓸쓸한 바람만 맴도는 듯하고
대적광전 법당 위
승〈부도〉탑은
산 능선 위에 흩어지는 구름처럼
미워도 내 인연 고와도 내 인연
법문으로 들리는 듯하다

영겁을 흐르는 계곡물은
굽이굽이 섬진강으로 찾아 흘러가는데
서로의 마음을 간직한
홍엽으로 물들어가는 나무 이파리들은
세월 흔드는 바람소리에
그리움과 아쉬움을 달래며
이별의 정을 나누는 듯하다

*2019년 1,2월호 펜문학

※ 전남 구례 화엄사를 창건한 연기조사 543년에 창건한 사원은 임진왜란과 6·25전쟁으로 모두 불에 타버려 1981년 본당 대적광전 법당으로 불사를 하였음. 국보52호등 승〈부도〉탑은 도선 국사 승탑으로 전해오며 북 승탑 등 국보 2점 소요대사 부도 등 보물 4점을 보유하고 있는 전통사찰임.

금호강

강변 긴 둑길을 혼자 거닐며
사르르 불어오는 바람에 팔랑거리는
이파리 그날 그대로인데
구곡이 감아 도는 강물은 세월 담아 흐른다

파아란 하늘 햇빛 머금은
흰구름 물결은 저녁 무렵
석양에 물든 붉은 주홍빛 전경이
눈길 닿는 곳마다 아름다운 강
머물다 가는 나그네 가슴에 그리움으로 흐른다

스스로 자정自淨하여 흐르는 강물은
해와 달 따라 차례대로 넘실거리며
내 고향 민풍을 담아
물굽이 아홉 굽이 비단 폭 고운 빛이
흘러흘러 낙동강으로 찾아 흐른다

*2021년 '시로 담은 영천 별빛에 물들다'
*2020년 현대시인협회 사화집 상반기호
*2019년 훈맥문학가협회 사화집

4부

식영정 息影亭

비 오는 새벽길

푸르름이 짙어가는 계절
새벽을 깨우는 빗방울 소리 들리는
길을 혼자 걷다 보면
우산 위 뚝뚝 떨어지는 빗방울 소리
가슴 가득히 피어나는
영혼의 울림을 듣게 된다

초록 바람과 동행하여
하염없이 비 내리는 새벽
빗방울 소리 듣고 있노라면
고개 숙여 깊이 잠들어 있는
초록빛 생명을 눈뜨게 하여 보듬고 있다

*2024년 혼맥문학가협회 사화집

가을 산행

은빛 억새꽃이 바람에 흔들리는 계절
산행을 하다 보면
세월 안고 떨어진 낙엽 향기는
코 끝을 진동하는데
발자국마다 바스락바스락 하며
낙엽 밟는 소리에
낙엽들은 비명을 지르곤 한다

햇살에 반짝이며 흘러가는
산계곡 물소리는
평화스럽기만 한데
나무들 사이로 바람이 불어오면
낙엽과 흙의 향은 지난 추억과
슬펐던 일이 동시에 뇌리를 스쳐가기도 한다

*2024년 훈맥문학가협회 사화집

금호강의 겨울 철새

얼어붙은 하얀 서리꽃도
외롭게 빛나던 쓸쓸한 새벽달도
사라진 금호강
겨울새들이 물놀이로 하루를 시작하는 강이지만
마음은 늘 불안하기만 하다

떼 지어 날아와 날개 접어 잠시 앉은 강이지만
코로나19로 싸우는 사람들처럼
각자 삶을 위해 모였다가 흩어지며
강물 속 날개를 담그고
강바람에 몸을 흔들며 물길 따라
자맥질하는 순례의 강을 건너고 있다

*2021년 10월 25일 '시로 담은 영천 별빛에 물들다'

소쇄원

선비들 자신의 안락安樂을 위해
무이구곡武夷九曲을 쫓아
바람길 피해주고 구름길 보내주며
낮은 울림 초록빛 감아 도는 자리엔
세월의 무상함을 느끼는 듯하다

오곡 문 옆 담장 밑으로 흐르는 계곡물은
서린 사연 말해 주는 듯 하며
솔바람 푸른 대숲 바람 소리 들리는 곳
제월당霽月堂과 광풍각光風閣엔
옛 선비 묵향이 가득하니
고고히 흐르는 역사의 빛을 뿜어내고 있다

*2020년 한국불교문학 가을호

※ 국가 명승 제40호임

식영정息影亭

창계천 맑은 물소리 광주호로 찾아
흘러가는데
산새소리 들리는 산자락 언덕 위
자리 잡은 정자는 옛 선비들이
바람처럼 구름처럼 머물다 간
지난 세월 표적으로 남아 외로움만
깊어간다

인고忍苦 업보業報를 안고
침묵에 잠기어 있는 정자는
깡마른 고사목枯死木처럼
아득한 아픔으로 지난 세월
그리움에 젖어 흐른다

*2021년 계간 시원 12월호

※ 전남 기념물 제1호로 지정됨
※ 정철은 이곳에서 가사와 단가 한시 작품을 많이 남겼다 함

능소화

삼복 더위 태양도 아랑곳 없이
고고하게 고개를 내민 선분홍빛 능소화꽃은
가느다란 줄기에 떨어질 듯
탐스럽게 피어나고 있다

무더운 여름 선명한 빛으로
피워난 꽃들은 피었다 졌다를 반복하며
바람에 향기를 퍼뜨려
벌과 나비를 유혹하고 있다

*2021년 계간시원 12월호

※ 옛날에는 능소화를 양반댁만 심을 수 있는 양반꽃이라 하였으나 남부지방 중심으로 담장과 정원에 많이 볼 수 있다.

강릉 초당 두부

맑은 샘물에 불린 콩을 맷돌에 갈아
콩물을 낸 뒤
가마솥에 푹 끓인 콩물에 간수로
짠 동해 바닷물을 넣으면
오백년간 피웠다는 강릉 두부 꽃이
몽글몽글 피어난다

솜사탕처럼 부드러운 순두부와
묵처럼 탱글탱글한 사각 두부는
불 조절과 간수의 양에 따라
구수함과 부드러운 식감이 달라진다

*2022년 훈맥문학가협회 사화집 제16호
*2021년 현대작가 제 10호

※ 초당草堂이란 이름은 최초 한글 소설 홍길동전을 남긴 교산蛟山 허균 선생과 조선 여류시인 허난설헌의 부친인 허엽의 호인 초당을 붙여 초당두부마을 이름이 초당草堂이다.

팔공산 동화사 八公山 桐華寺

빛바랜 단청 팔각집 대웅전
창백한 보름달빛 아래
절집道場은 고요가 밀려들어
침묵沈默의 세월이 강물처럼 흐른다

삐거덕 큰 법당문 열어 셋三尊佛 부처님전
촛불 켜고 향 사르며 참배한 후
돌계단을 천천히 내려와 달빛 나눠가며
도량석道場釋으로 잠 깨운다

봉서루鳳棲樓 지붕 위
두 마리 용과 누각을 받쳐준 기둥 추춧돌 앞
여섯 마리 용은 밤새워 두눈을 크게 뜨고
긴장하며 도량을 수호守護 한 탓인지
달빛 습기에 온몸에 땀이나 촉촉이 젖어 있다

*대구펜 문학 22호 발표

삼성동 골목길

침묵의 강물이 흐르는 듯한
새벽 골목길을 걷다 보면
외로운 보안등만 각자 제자리에서
어둠을 쓸어내며 눈시울을 붉히고 있다

골목길 따라 정돈된 주택 빌라 주차장엔
줄지어 잠들어 있는 승용차들
생필품과 음식물을 배달하는
소형트럭과 오토바이의 매연 뿜는 소리
골목길은 새벽잠을 설치고 있다

가정에서 사랑받다 버려진 길고양이
유모차에 반려견을 태워 다니는 사람들
이사를 가다 버린 고급 가전 제품들
세월의 흐름을 삼성동 새벽골목길은 보여주고 있다

　　*2023년 월간 한올문학 8월호

그리움

풀 벌레 울음소리
가을을 끌어당기는 계절
휴양림으로 찾아 나는 올라가고
계곡물은 아래로 내려와 쉬어가고 있는데…

칠십고개 연륜에 묶은 동기생들
지난 주름진 세월 마음 아파 하던 일 모두
바람따라 띄우고
시리도록 차갑던 달빛아래
산빛 물빛 계곡물 소리 받아가는
성주봉 봉자 휴양림에 보낸 그날 밤
띄운 그리움 남기고
고달프게 돌아가는 일상들이
추억 속 노을길에 타고 있답니다
아~목마른 동기생들

삶生과 죽음死

인생은 각자 정해진 시간이 있다
그 시간이 지나면 누구나 가야 하는 목숨

들어가는 숨소리 나오지 않는 숨소리는
한순간인데…
가는 자는 말이 없고 살아있는 자만
슬퍼하고 눈물 흘리며 애달파 한다

생명의 집착이란 쉽게 끊을 수 없지만
그래도 놓아 버려야 하는 것이 인연이다
조용히 받아들이고 미련 없이 놓아버리자

이 몸이 한줌 재가 되어 흙이 되고 구름 되어
물이 되고 비바람으로 돌아가 인연 있는 곳에
우리 다시 만날 수 있는 것이니

*2019년 계간시원 봄호

거제 대숲 길

맑고 시린 찬 이슬 맺힌 날
높지 않은 야산
진한 죽향竹香이 가득한 울창한 대나무 숲
홀로 흙길을 걷다 보면
지쳐 있던 마음에 초록 대숲의
청량함이 묻어 흐른다

쪽빛바다 소금기 섞인
해풍이 불어오는 바람에
댓잎 사각거리는 소리
영혼속을 넘나드는
바람길도 알고 있는 것 같다

*2019년 계간시원 겨울호

백암사白岩寺

초록이 드리워진 산사山寺가는 길
청솔이 벗을 삼고
세월 안고 떨어지는 낙엽들은
무상無常함을 알린다

솔잎 스치는 바람소리
풀벌레 울음소리 마저 잠든 밤
주인 없는 구름과 벗을 삼는 보름달은
세월담아 흘러가고 있다

제 몸 태워 어둠 밝히는 큰 법당 안 촛불앞
업보의 사슬로 묶인 중생의 목마름이
꽃으로 피어나길
발원하는 불자의 가슴엔
자비 사랑이 익어가고 있다

*월간호맥문학 2024년 7월호

※ 중동부 전선 담당하고 있는 7사단 법당

백암산 고지에서 바라본 북한강

태산준령 넘고 있는 엉킨 철조망이 가로놓인
백암산 고지에 올라
바라본 북한강은
능선마다 골짝마다
이름 모른 충혼들의 흙이 되어 있는
가슴 아픈 지난 역사의 아픔을 아는지

넘지 못하는 절망을 안고 일어선
휴전선 외가닥 철조망은 반세기를 지나
한 세기가 다 가도록 말이 없는 남북한 산자락 따라
울창한 풀숲속을 지나
까맣게 잊어가는 피맺힌
역사의 표정 앞을 흐르는 강물이여

※ 금강산 옥밭봉에서 발원하여 북한 임남댐 남쪽 평화의 댐. 파라호-춘천댐을
   지나 소양강 댐 물과 합류하여 흐르는 북한강

GOP 안 GP

초연이 쓸고 간 높은 산 깊은 계곡
넘지 못하는 절망을 안고 있는 휴전선
녹슨 외가닥 가시철조망은
삼각형 빨간 지뢰 경고만 자유로이 넘나드는
바람에 나부끼는데
무심한 계곡물은 남에서 북으로
겁 없이 소리 내며 흘러가고 있다

능선이 아프게 누운 백암산
살아서 못 건너는 산천이던가
자유와 평화를 위해 부름을 받고
산화한 꽃다운 젊은 호국 영혼들의 목소리
들리는 산봉우리와 계곡은
전쟁의 흔적과 궤적은 반세기가 지났건만
길 막힌 휴전선은
바람마저 숨을 멈추고 있는 듯하다

  *2024년 한국현대시 31호

※ 북한강 상류 백암산 자락에 있는 남측 DMZ 안의 GP는 북쪽 군인들이 야밤에 북한강을 건너 남쪽 GP에 불을 내어 잠든 소대병력이 모두 죽었으며 막사는 불에 전소되어 현재 막사 뼈대만 남아있음. 강원 하천 민통선 안 최북단 백암산 자락에 자리 잡고 있는 작은 소망교회 옆 계곡물은 남에서 북으로 흘러 북한강과 합류하여 다시 남쪽으로 흘러 한강에 합류함

만휴정萬休亭

그리움을 안고 떨어진 낙엽이
쌓여있는 산길은
청량한 바람결에 묻혀온 지난 향기만큼
고독이 깊어만 가는데
욕심을 비우면 자연은 채워지는
산기슭 자리 잡은 정자는
옛 선비 청렴한 마음이 묻어 흐른다

정자 앞 암벽 타고 흐르는
송암 폭포 맑은 물에
가을 햇살 받아 빛나는 낙엽들은
출렁이는 계곡물에
숨죽인 채 몸을 던져
흘러간 지난 세월 돌아보며
이별의 손을 흔든다

*2024년 대구펜 문학 24집

※ 2011년 8월 8일 국가 지정 문화재 면승 82호로 지정됨. 조선 전기의 문신 김
계행(1431-1517)이 지은 정자임.

백암산

지난 역사의 아픔을 간직하고 있는
백암산 능선에 올라 사방을 둘러보니
바다인지 하늘인지 짙게 덮여있던
운해雲海로 앞을 볼 수 없을 만큼
가려 있지만
가물가물 보이는 짙은 안개[운해雲海]속
섬섬이 되어 있는 높은 고지마다
굳건함을 잃지 않는 보안등만이
눈시울을 붉히는 가운데
폭탄이 울고 간 그날의 아픔이 들리는
대남 방송 소리
충혼忠魂들의 눈물이 이슬로 맺혀 흐른다

5부

서석지 瑞石池

고심사

아늑한 저수지 광활한 들녘을 품은
백운산 품속 자리 잡은 고심사
초록빛 물결이 바람에 출렁이는 영혼의 나뭇잎
중생의 마음을 씻어준다

영혼들의 쉼터요 안식처인
그리움만 남기고 떠난 지관 법사님과 법계성 보살님
영혼과 가슴으로 가꾼 도량
초록 잎새 피워올린 꽃대 위 꽃잎마다
이슬 맺힌 눈물이 밤새 흐르고 있다

파란 하늘 고향 없는 하얀 구름은
사계절 불음佛音이 들리는
고심사 도량道場을 바라보며 석양 노을에
붉게 물들어가고 있다

권오현 법사님

아픔 없고 상처 없는 중생이 어디 있으랴
세월도 덧없고 인결도 무상하니
채우고 버릴 것도 없다는데
만남과 이별이 둘이 아니라
일체유심조라一切唯心造
이것이 제불諸佛의 가르침
동안
성전聖殿에서 하신 일 님은 아시리라

은하수로 빛나는 보름달빛 아래
연꽃으로 피어나 이슬로 맺혀
바람에 손짓하는 법사님
근심 걱정 없는 연화장蓮花藏 세계로 드셨구려

사바세계 고운 빛 인연으로 선 후배 법우님들을
따뜻한 가슴으로 품어주신 법사님
다음에는 목련꽃 피는 따뜻한 봄날
정토淨土에서 걸림 없는 구름으로 바람으로 만나요

자비慈悲로 바라는 바 근심 걱정 없는
정토淨土에서
편안히 영면하옵소서

※ (육)군승법사 1기생임. ※ (재)불교진흥원 국장과 불교방송 전무.
※ (재)대한불교 대원회 상임법사 및 이사장

DMZ(비무장지대)

분단의 슬픔과 아픔을 간직한
백암산 능선 따라
넘지 못하는 철조망을 안고 있는 DMZ 안
주인 잃은 철모
삭아 터진 틈 사이로
솟아오른 야생초 피어난 꽃
평화를 염원하지만
아직도 통한을 토해 내고 있다

북쪽 산야를 안고 물굽이 산굽이 감아 돌아
백암산 산자락을 휘감아 흐르는
북한강을 사이에 두고
오지도 가지도 못하는
어둠 속 역사의 산물로
남아 있는 비무장 지대
어둠이 찾아 들면
풀벌레 울음소리에
죽음 같은 정적이 감아 돌고 있다

*한국현대시 30호

※ 북한강은 금강산 옥밭봉에서 발원하여 남쪽으로 흘러 남한강과 합류하여 서해로 흐름.

강화 평화 전망대

그리움이 보이는 북쪽은
산빛 들빛 고요한데
속울음이 포말로 부서지는 서해 바닷가
철조망은 바람에 울고 있다

북녘 하늘 아래 있는 송악산 부는 바람
가슴속 스며 드는데
분단의 가운데 선 장병들은
철조망에 찢긴 가슴속
침묵이 강물처럼 흐른다

※ 남쪽에서 가장 가까운 거리에서 북쪽 주민의 생활상을 육안으로 볼 수 있음.

광성보廣城堡

넓은 자연공원으로 이루어진 땅
중심에 선 광성보는
싸늘한 어둠 속 묻혀만 가는데
걷잡을 수 없는 지난 세월이
형상마다 원점으로 잡혀온다

침묵 속 언덕 위에 우뚝 선 성城은
빛바랜 세월 앞에 무거워 내려놓는
역사의 행간에
지난 전쟁사로 남아
애틋한 밀어들이 서해바다 물결처럼
잔잔이 밀려와 석양빛에 어린다

※ 20여만 평의 자연공원으로 이루어진 곳으로 고려 시대 성을 광해군 때 외성을 보수하고 효종 9년(16508년)에 광성보를 설치했음.

망배단望拜壇

실향민 아픔을 가슴으로 품고 있는
망배단望拜壇
흰 구름 서성이며 흘러만 가는데
고향 없는 바람 소리
망향의 그리움이 낙엽처럼 쌓인다

북쪽 푸른 하늘 아래 보이는
보랏빛 산과 들은
세월만큼 깊어만 가는데
슬픔으로 그늘진 역사의 길목에선
실향민 가슴속엔 이슬이 맺혀 흐른다

※ 강화 평화 전망대 옥외 있는 망배단임. 북한에 고향을 둔 이산가족이 고향을
  바라보며 조상에게 제를 올릴 수 있는 곳임.

어머님 생각

한 생애 몸과 영혼을 담아
가꾸어 온 과수원은
세월이 흘러 볼 수 없지만
고향 집과 사과 저장 창고는
허물어져 가는 것을 바라본 후
그리움은 아려오기만 한다

밤하늘 달빛 아래
덧없는 세월 담아 흐르는
구름장 바라보며
어머님 그리움은 세월이 흘러 갈수롯
아려오기만 하는 나이
이제 나도 어머님 뵈올 날이 점점
가차와 오고 있는 것 같습니다

가을

한여름 뜨거운 햇살 아래
푸르고 싱싱한 초록나무 이파리도
노을로 타 들어간 그리움을 안고
곱디고운 잎으로 물들어 가는 만추의 계절
지나온 세월을 가슴에 품고 있는 단풍잎은
정열을 불태우며 헤어지기 아쉬워
이별의 손을 흔들며 그리워하고 있다

가슴으로 타오르는 긴 세월 안고
세월 흔드는 바람 소리에
순번 없이 언제 떨어질지 모르는 단풍 이파리는
소슬바람 소리에 놀라
떨어진 낙엽들은 갈곳 을 찾지 못한 몸이 되어
바람에 마구 뒹구는 울음소리에
풀벌레 울음소리도 목이 메여
이별을 서러워하고 있다

메타세콰이아 길

허 허 텅 빈 하늘만 바라보며
높이 솟은 짙푸른 나무들은
밤색 줄기위에 셀 수 없는 많은 이파리들
햇살 물결에 흔들리며 고요를 부드러이
퍼뜨리고 있다

갖은 모양으로 뻗은 나무들은
영산강에 말갛게 씻은 바람 끌어와
나뭇잎에 앉아 맑은 공기 뿜어내니
호흡마다 청량한 기운이
가슴 속 파고들어 초록으로 물들인 듯하다

스리랑카 차밭

고원(해발 200고지) 지대를 중심으로
형성된 홍차 밭은
하늘 속의 정원처럼 꾸며져 있다
아침저녁으로 쌀쌀한 날씨
쨍쨍한 햇빛 알맞은 습도
초록 비단 넘실거리는 차밭은
서늘한 바람이 푸른 차밭을 흔들자
풋풋한 녹색 찻잎 향이
코 끝에 맴돌아 여운을 남긴다

배수지가 용이한 경사지 따라 이루어진 차밭
쾌청하고 신선한 공기
파란 하늘 아래 초록색 찻잎으로
꽉 차 있는데
알록달록 차려입은 여자들은
찻잎 따는 모습이
소박한 삶의 자국이 묻어 흐른다.

※ 영국 식민지 시대에 이룩된 차밭은 세계적으로 홍차는 스리랑카산이 유명함

두들 마을

연초록 이파리 무리 지어
초록 향기 굽이 치는 능선
자리 잡은 호젓한 마을
선비들 숨결이 묻어나는 고택들
고즈넉한 침묵이 강물처럼 흐른다

석양 노을빛이 아쉬워하는 고택들
안으로 묵묵 인고가 그대로 긴 사연이
있는 듯하고
묵향으로 배운 인연의 선비들 목소리
그리움이 되나 보다

※ 경북 영양군 석보면에 자리 잡은 마을은 언덕 위의 마을이며 1640년 석계 이시명이 병자호란을 피해 들어와 개척한 이후 그 후손인 재령 이씨 집성촌이다.

서석지瑞石池

고즈넉한 연못에 분홍빛으로
곱게 핀 연꽃을 감상하며
근심을 잊고 정자에 앉아
담소하는 선비들은 다 어디로 갔는지
싸늘한 어둠에 묻히고 가는 경정敬亭
오랜 세월에 걸쳐 숲의 숨결과 초록 향기
차곡차곡 쌓여 만들어진 서석지
엄연한 자취로 남아 그리움이 되나보다

※ ·국가 민속 문화재 유산 제108호
  조선 광해군 5년 성리 학자인 석문 정영방(1577-1650)이 만든 연못임
※ 전남 담양 소쇄원, 완도 세연정, 경북 영양 서석지가 한국 3대 정원임

석간 고택石澗古宅

그날처럼 따사롭던 햇볕은
찾아볼 수 없지만
청빈한 선비 정신이 묻어나는
호젓한 고택은
온전히 등불 하나 밝히지 못하지만
흥망성쇠를 지켜보는
담장 옆 홀로 선 향나무(수령 250년 보호수)는
바람으로 울고 하늘을 향해
파랗게 사무칠 뿐이다.

※ 경북 문화재 자료
※ 향나무 수령 250년 보호수(11-16-2-25호) 영양군 보호수임
※ 소설가 이문열 선생이 유년 시절을 보낸 고택임.

석계 고택石溪古宅

양지바른 고택 담장 옆 하얀 목련 꽃
바람 따라 향기를 뿜어내고 있는데
세월에 밀려난 나날을
되돌릴 수도 없는 빛바랜 고택
지당하기만 한 그 시절 그 자리에서
고달픈 몸으로
침묵의 역사 속 중심中心을
잡으려 하고 있다

※ 경북 민속자료 제91호
  조선 인조 18년 현종 연간 학자인 석계 이시명(石溪 李時明)이 세운 것임.

선바위

전설도 풍화風化한 자리
절벽과 강을 사이에 두고
깎아 세운듯한 거암巨巖이
홀로 일어나 바위 가득 삼매三昧에
접어든다

반변천 산기슭 절개는 바위로 굳어
안으로 묵묵 인고忍苦가 그대로
긴 사연이 있는 듯하고
생생한 삶을 안고 흐르는 강물은
세월 담아 흐르고 있다

※ 반변천
    일월산(1219m) 동북 윗대티 부근에서 발원하여 3개 읍면을 지나 지천과 합류하여 청송을 지나 낙동강으로 합류함

유우당 惟宇堂

엄연한 역사의 무게를 품고
견디어 온 유우당
어둠으로 엿듣고 길들어온 지난 세월
황혼에 젖어 노을 속으로 잠기고 있다

돌거북 등을 주춧돌로 삼아
일어선 고택
겹겹의 황혼만 질펀하고
올곧은 정신을 짚어 살아간 자리엔
선비의 숨결이 살아 숨 쉬는 듯하다

※ 경북 문화제 자료 285호
※ 조선 순조 33년 이상도(李相度1773-1835)가 건립한 가옥임
　장자인 이기찬의 호를 따서 유우당(惟宇堂)이라 하였음.

주실 마을 호은종택 壺隱宗宅

바람결에 스치는 들꽃 향기
연녹색 풍경이 펼쳐지는 땅
자리 잡은 마을
올곧은 선비 정신을 짚어
살아가신 자취로 남은 종택
숱한 세월이 굽이쳐 흘러갔는데도
생동하는 역사를 느낀다

※ 경북 기념물 제78호
※ 한국 근대 문학에 큰 발자취를 남긴 시인 조지훈 선생 생가로 입향조 조전의 둘째 아들 조정형이 조선 인조 때 지은 것임.

6부

일본

안중근 의사 유묵이 있는 사원 (쿠리고마 청운사)

끈끈한 인연 속
덧없는 지난날을 보석처럼 간직한
눈물짓던 많은 영혼 들이 잠들어 있는 도량엔
아픔이 물빛으로 번져가는 달무리에
젖어 들고 있다

햇살이 출렁이는 인연의 땅
최선을 다하면서 겁 없이 살아왔던
님 계신 고운 자리엔
오늘도 내일도 꽃으로 피어나고 있다

아픔이 피어 나는 타국땅
바람도 잠들어 있는 곳
안중근 의사 현창 공양비는
한 시대 맴돌다 가는 인연의 발자국
별빛처럼 흐르고 있다

※ 치바 도시치 고향 마을이며 센다이 구리하라시 쿠리코마 초에 있는 치바 도시치 선생 가족 위폐가 모셔져 있는 사찰임. 지역 유지들의 후원으로 안중근 의사 현창 공양비를 건립하여 평화사상 전파에 앞장서고 있음. 치바 도시치는 안 의사 여순 감옥 헌병 간수이며, 안 의사 인품에 감하여 치바 도시치에게 써 준 유묵 사본과 이를 새긴 석비임.

안중근 의사 유묵비가 있는 사원 (구리하라 대림사)

영혼을 불사르는 싸늘한 외로움이
가득 잠들어 있는 도량엔
고독의 향기가 넘쳐 흐르고
세월의 흔적을 간직한 법당 앞 노송老松은
그리움으로 깊어진 석양빛에 어리고 있다

청결한 법당 안 부처님 전
제 몸 태워 얻는 촛불은 어둠을 사르고
사이토 타이겐 주지 스님 염불 소리
평화를 열어가는 이국땅을 적시는 듯하다

안중근 의사 영정이 모셔져 있는 영단엔
숙명처럼 살아온 별빛 같은 운명
지울 수 없는 노을길에 젖어
우리 곁에 머물고 있는 듯하다

※ 센다이 구리하라시에 있는 사찰이며 안중근 의사의 간수인 치바 도시치 선생이 안 의사 명복을 기원하는 사찰이며 안의사 영정과 치바 도시치 부부의 위폐와 묘소가 있는 사찰임. 도량에는 안의사 유묵비가 크게 세워져 있음.

가마쿠라 청동대불

푸른 초록빛으로 숨쉬는 숲 속
어두운 길을 열고
잔잔한 웃음을 접어
자비로운 숨결로 앉아 있는 청동 대불 전
두 손 모아 합장하는 순간
돌아보는 인연이여

가라앉은 맑은 공기 감아 도는 도량엔
깊어가는 생각들도
무겁던 발걸음도
방황하는 고뇌들도
초록 바람에 사라지는
영혼의 햇살이 비친 듯하다

※ 일본 3대 청동대불의 하나이며 800년된 1252년에 조성된 불상임. 염불 왕생을 꿈꾸며 아미타불을 모셔놓았음〈불교 종파 정토종〉

동궁

큰 나무 작은 나무 어우러져
자라고 있는 삼나무 숲 속
자리 잡은 구중궁궐 동궁은
흐르는 구름밭에 고독이 쌓여
잠들어 가고 있다

초록빛 이파리 마다 앉은 햇살
세월 흔드는 바람에 나부끼고
계단 따라 올라가니
병풍처럼 둘러있는 아늑한 곳
부도탑 처럼 생긴 능은
일본 왕조의 빛이 흐르고 있다

※ 부도탑 : 스님들이 사후 유골을 모셔진 탑을 말함

삼나무 숲길

발자취를 더듬어 뿌리내린 나무
허허 텅 빈 하늘만 바라보고
바람으로 숨을 쉬는데…

짙푸른 숲과 숲이 마주하는
나뭇가지 사이 빛 부신 햇살
가슴으로 불어와 숨을 고르고 있는
이파리는 그날 그대로이고
그늘이 만들어 준 평화로운 숲길은
고요한 즐거움으로 인해
스스로 깊이를 알아차리게 한다.

※ 수령 350년 된 삼나무 숲이 이루어져 있음

하코네 아시노코 호수

병풍처럼 둘러있는 산자락 따라
흰 구름 담아 띄우는 호수
해적선이 지나갈 때마다
산 그림자에 일렁이는
물 주름이 일어나고
가슴까지 일렁이는 호수는 말이 업샀

마주 닿는 하늘 자락과
바람이 기어 다니는 호수엔
비친 햇살을 받아가며
긴 추억들을 만들어 가고 있는 듯하다

*2016년 현대시 16호

※ 40만년전 화산활동이 멈춘 후 생긴 호수는 해발 724m 둘레 17.5km 깊이
42m이며 맑은 날은 후지산이 비친다 함.

하코네 소운산

몇 생을 거듭나도
선 채로 서 있는 산자락 나무들은
햇빛을 받아가며
푸르름만 더해가는데

산 능선 여기저기
쉼 없이 품어 나오는 화산 수증기
바람 따라 묻어오는 유황 냄새
숨쉬기조차 힘들지만
영혼을 불사른 나무들은
지상에 내려놓고 있는 듯하다

생명이 살아갈 수 없는 땅
솟아오르는 수증기를 바라보는
구름은 기억하고 있다

※ 일본 5대 관광지로 화산이 솟는 웅덩이에 고인 물은 80도 이상으로, 검은 달
  걀을 만들어 내는 곳으로 유명함. 맑은 날은 멀리 후지산이 보이는 곳임

후쿠오카 동장사

석양이 드리워진 사원 도량엔
침묵 만이 감아돌고
법당 안 거대한 부처님 전
두손 모아 합장하는 순간
마음으로 보고 영혼으로 소통 하신 듯
마음 안에서 늘 항상 함께 하라네

어두운 공간 지옥세계를 그린
법당 안 벽화는
아프지 않는 영혼이 없는 듯
깨달음과 나를 보라 하시며
청량한 영혼의 울림으로 다가오는 듯하다

※ 일백 오십만 여명이 모여 있는 거대한 도시. 오랜 역사를 간직하고 있는 동장사는 일본 최대 목조좌상(높이16.1m)불을 모시고 있는 사원임

기린코 호수

우휴악산〈1548m〉 높은 봉우리
하늘과 구름 바람과 땅이 어울려 물결치는 곳

골짝 골짝으로 땅속 깊이 굽이굽이 휘돌아 흐르는
물길을 한곳으로 모아 숨죽이고 누워 있는 호수

사계절 우리를 어루만져 품어주는 곳
내 영혼 내 몸 맡겨두고 바람처럼 햇살처럼
구름처럼 없는 듯이 머무르고 싶네

고즈넉한 호수
눈에 아른거리는 그리운 산이여 호수여

※ 후쿠오카 유후인에 있는 호수는 온천물이 모여 있는 호수임

지온노 타키 폭포

규수 연봉 바위와 흙을 뚫어
산 계곡 골짝 골짝을 애돌아
끝내 암벽을 만나 거침없이
뛰어내린다

나는 폭포수를 바라보고
폭포수는 나를 보며
온몸을 던져 뛰어 내린 폭포수는
깊고 낮은곳을 메워 돌고 돌아 잠시 쉬더니
산자락 주어진 길따라
더 큰 강물로 찾아 흘러만 간다

※ 북 후쿠오카 아마가세 폭포수는 용과 이무기가 살고 있다는 전설이 있어 용이
여의주를 안고 있는 형상이 세워져 있음

태재부 천만궁 신사

긴 역사의 두레박을 타고
천고千古의 샘을 퍼 올리는
태재부 천만궁 신사
경건한 기도를 드리는 참배객들
뜨거운 가슴에 간절한 소망의 얼이
목말라 하는 일본인들이여

높고 엄숙한 신사의 품에 안기어
소망을 성취하고자 하는 참배객들
가슴에 닫는 귀를 모으며
가느리 들리는 매화꽃 향기
바람타고 오는 소리
업보業報의 땀은 사그라들고
무거웠던 영혼이 가벼워 진 듯 하다

※ 삼국시대 백재 왕인박사 후손 중 학문이 뛰어난 분의 학문의 신을 모시고 있는 천만궁 신사에 정성을 모으며 한가지 소원이 이루어진다는 전설이 있어 대학입시를 앞둔 학부모 학생들이 특히 많이 찾는곳임. 태재부 신사는 이른 봄 매화꽃 향기에 얽힌 전설의 시가 있음.

벳부 지옥 온천

하얀 솜사탕처럼 부드러운 수증기
모락모락 피어올라
청명淸明한 하늘 위로 흩어지는데
사유의 숲 열려있는 방주 지옥은
한가롭다

땅 끝에서 솟아 오르는 아픈 분노
수중 열기 자욱한 물 안개
유황 냄새 열대성 수련등
푸르기만 한 남극의 정서를
말해 주는 듯 하다

7부

베트남

한기둥 사원

바딘 광장 넓지 않는 연못
하나의 기둥에 세워진 사원은
베트남 국민의 영혼을 부르는
은밀한 바람 소리 들린다

햇살도 가슴을 열어 있는 법당 안
관음보살님
잔잔한 웃음을 접어 푸른 날을 베푸는 듯 하고
무수히 멍에진 소유의 사념들이
꽃으로 피어나길 염원하는
참배객의 간절함이 묻어 흐른다

*2018년 10월호 월간 훈맥

―――――――――――――
※ 바딘 광장 안 연못 가운데 세워진 한기둥 사원은 베트남 국보 1호임

바딘 광장

깊어진 침묵을 안고
아픈 삶이 스며 있는 땅
역사와 정치 문화가 담겨져 있는 곳
베트남 국민의 정신적인 영혼이
하나의 꿈을 키우고 푸른 싹을 틔운 광장엔
햇살이 쏟아진다

베트남 국부의 영혼이 머무르고 있는 곳
하이얀 여백 속으로
푸른 물줄기가 익어가고 평화를 장식하는
뿌리 깊은 나무들은
침묵의 바람 소리가 들린다

※ 바딘 광장은 호치민 박물관, 호치민 생가, 베트남 국부인 호치민 묘소, 국회의
사당, 국보1호인 한기둥 사원등이 있는곳임.

호아루 번롱 호수

하늘과 구름 기암괴석 산과 땅이
어울려 물결 치는 곳
벼랑 끝 수직절벽 험난한 곳
뿌리 박고 일어선 나무들은
하늘을 응시하고
물 깊이 잠들어 있는 종유석 동굴
무량 세월 떠도는 구름이 잠겨 있는 호수
물 속 깊이 뿌리내려 살아가는 수풀 숲속 사이로
삼판 배가 지나가면
겹겹이 퍼져나가는 물 주름은
바람따라 세월따라 일렁인다

호암 끼엠 호수

잔잔한 물결이 여유롭고
평화로워 보이는 호수엔
낮과 밤이 다르게 빛나는 듯 하고
슬픔과 분노 사랑으로 쓰다듬는
시민들 삶의 땀방울이 바람에 묻어 흐른다

가로등 불빛에 얼비치는 푸른 나뭇가지
끊임없이 이어지는 오토바이 불빛
호수 주변 건물에 비치는 불빛
하노이 시민들
꿈이 담긴 호수엔 추억이 맴돌고 있다.

하롱 베이

갈메기가 없는 바다에 파도가 잠들어
깨어나지 않는 곳
하늘과 구름 바다와 섬 들이 옹기종기 모여
물결치며 오시라 손짓하지 않아도 찾아가는 곳

억겹의 세월이 다듬어 놓은 바위들은
바다를 응시하며 장쾌한 기백이 묻어 흐르고
벼랑끝 절벽을 부여 잡고 있는 나무들은
해와 달 비와 바람이 쓰다듬고 있는 듯 하다

낙타문 향루원 하늘문 연꽃바위 섬 저 언덕
내 영혼 맡겨두고 티톰섬 전망대 누각에 앉아
천지연을 바라보며 바람처럼 햇살처럼 구름처럼
없는 듯 있는 듯 머무르고 싶네

*2017년 한국 현대시 상반기호

※ 2071개의 섬들이 모여 있는 하롱베이는 세계문화유산에 등재된 곳임. 하롱제
이 바다는 파도가 없고 갈매기가 없는곳으로 유명함

영응사靈應寺 해수관음상(높이65m)

눈부신 선짜(손짜)반도 앞 바다
굽이굽이 바라보며
구원에 불타는 자비로운 숨결이
고뇌의 불길도 꺼져 가리라

청산에 밤이 들면 푸른 달빛아래
슬픔으로 차오르는 파도 소리 더욱 깊어
아픔이 물빛으로 번져가는 해변海邊을 굽어보며
잔잔한 웃음을 접어 달빛 별빛으로
화답 하시네

눈 감고 울어대는 목메인 님들아
감로수로 젖은 슬픔 달래시는
자비로운 관세음
그 몸 다 밝인 미소로움 만상의 등불이네

  *2019년 겨울 계간 시원

※ 마운틴 영응사, 바나산 영응사, 선짜반도 영응사 모두 다낭을 지켜보고 있으며, 선짜반도 해수관음상은 베트남전 패망시 많은 시민들이 피난을 가다가 죽은 바다로 기록되어 있으며 주변 베트남전쟁 유물이 산재되어 있음.

다낭 성당

식민지 시대와 전쟁의 고통을
가슴 아픈 사연을 지켜본 성당은
참아온 세월만큼
핑크빛으로 피어나
다낭시 상징물이 된듯하다

높이 올라 갈수록 하느님과
가까이 소통할 것을 믿는
가장높은 성당 건축 끝부분에는
닭의 풍향계가 바람따라 돌면서
하느님 말씀을 전파하고 있는 듯 하다

성모굴에 모셔진 마리아상은
인생길 쓸쓸하지 말고 사랑으로 보살피며
마음으로 염원한 듯 간절한 뜻을
두손 모아 하늘에 전하고 있다

※ 프랑스 식민지 시대에 건축된 천주교 성당임

바나산 (국립공원)

케이블카를 타고 바라보는 풍경
산 첩첩 깊은 계곡 울창한 숲
하늘 가까워진 산(해발1500M)정상엔
팔 벌리면 가까이 잡힐 듯 움직이는 운무
산 굽이 휘돌아 오는 바람에
오감을 자극한다

해와 달이 가장 가까이 떠올라
흰구름 머무는 억겁의 세월이
산 울림으로 번져 가는 듯 하고
푸른 숲 속 초록향기 넘나드는 누각樓閣
나한전癩漢殿을 향해
마음을 모으는 순간 구름 헤치고 나오는
달처럼 밝게 살아가라 하신다

※ 케이블카 길이는 약6km이며 기네스북에 등재된 곳임.

테엔무 사원

햇살이 출렁이는 인연의 언덕위
빛바랜 팔각 칠층 석탑은
텅 빈 하늘을 바라보고 있다

흐엉강 물빛으로 차오르는 메아리가
들리는듯한 가람伽藍엔
햇살도 아픔에 겨워
잠시 발걸음을 멈춘다

불법佛法을 숙명처럼
가슴깊이 간직한 틱광득 스님
한시대의 아픔이고 슬픔이며
순교殉敎로서 지켜낸 청정도량淸淨道場
정법안장正法眼藏 연화대蓮花臺엔
가냘픈 불심지로 밝히고 있다

　　*2020년 한국불교문학 가을

※ 틱광득 스님은 주지소임 재직시 불교 탄압에 저항하여 호치민(옛.사이공)에서 소신공양 후 마지막 심장은 타지 않아 그 사진을 사원에 보관하고 있음. 그 후 베트남은 내전으로 남쪽 정부는 무너지고 현.베트남정부는 통일을 이루어 냈음.

마블 마운틴 영응사靈應寺

다낭 시민들 신앙의 산으로
믿음을 받아온 마블 마운틴[오행산]
산마루에 고이 앉은 사원법당寺院法堂
애절한 마음으로 참배하는 순간
자취 없는 보름달心月覺처럼
영혼의 뒤안길을 밝히는 듯하다

동굴마다 햇살이 찾아들면
진주보다 밝게 반짝이는 보석의 빛이
사연 많은 참배객들 가슴 속 파고 들어
눈물을 흘리지 않아도 맘이 무거워지고
웃지 않아도 기쁨이 미소로 응應하신다

※ 산 전체가 대리석으로 이루어져 봉우리는 5개로 되어있어 오행산이라 함. 지난 베트남 전쟁(월남전) 시 많은 동굴마다 숨어있는 적과 청용부대 해병들이 치열하게 전투를 치른곳임.

후에왕궁

아픔이 흙이 되어 누운 왕궁터엔
바람 타고 구름 따라 온
자란 푸른 풀들은
아프도록 짙푸른 하늘만 바라보고 있다

세월의 바람결에 지내면서도
의연히 제자리에 남아 있는 전각들은
서러운 그림움을 달랠 길 없어
겹겹의 황혼만 질펀하다

세상과 단절된 감옥이 된듯한 궁은
떠나는 흰구름 아래
그리움이 가득 담아 있는 듯 하고
궁을 세운 사람들은 역사에 나름대로 남아
신화로 쌓아 올리고 있다

※ 세계문화 유산으로 등록되어 있는 궁은 베트남 전쟁으로 대부분 손실되었고 일부만 보존되어 있음.

호이안

투본 강으로 인해 무역 도시로
명성을 얻었으나
세월의 흐름이 멈추는 듯한
구.시가지는 옛모습을 간직 한 채
흘러간 시간 위로 반짝이는
그리움만 더해 간다

조화롭게 혼합된 (베트남 일본 중국) 건축 양식들은
짙게 깔린 어둠에 대비되는 찬란한 문명의 빛이
지난 역사를 말해 준 듯 하고
일본거리와 중국거리를 연결시켜 주는
일본 내원교와 풍흥古家 등을 보는 순간
베트남 역사 박물관에 온 느낌이 든다

※ 17세기 옛 모습을 그대로 간직한 도시. 구.시가지는 1999년 유네스코 세계문화유산에 등재되었음. 일본 내원교는 베트남 국보1호였으나 지금은 보물1호로 바뀌었음.

투본강 섬마을 (도자기 목공예마을)

강 바람이 흘리고 간 무거운 정적위로
물 오른 삶의 내음이 젖어오는 마을
적막감만 감아돈다

무거운 발걸음으로 되돌아 보는
마을 골목길은 가슴아픈
지난 전쟁의 역사에
조국을 사랑하다 이억만리에서
구리빛 젊음을 쫒던 님들의 총성이
들리는 듯 하고
흐르는 구름도 슬픔에 겨워
잠시 발걸음을 멈춘다

※ 지난 베트남전쟁시 한국 청룡부대 해병들이 치열한 전투로 승리를 이끌어 낸 마을임.

■ 격려의 글

허남준의 시는 초점화에 성공하였고
어조가 순탄하여 좋이 읽힌다

 서정시는 절제 지향의 구심력과 자유 지향의 원심력이 팽팽한 긴장을 조성하는 경계선에서 탄생한다. 서정시에서 초점화가 중요한 이유다. 허남준의 시는 초점화에 성공하였고, 어조가 순탄하여 좋이 읽힌다. 또 보여 주기(showing) 시학의 시각적 형상성이 주조를 이룬 가운데, 독자의 심령에 잔잔한 파문을 일구는 친근성이 돋보인다.

 자연 서정을 축으로 하는 그의 시는 시·서·화 일치의 동아시아 전통 미학을 이었으되, 현장감을 실히 살림으로써 관념시의 허방다리를 훌쩍 넘어선다. 시상이 밝고 안온하기에 그의 시는 우리 서정 전통의 애상미哀傷美를 떨쳤다. 다사롭게 그리움을 머금은 그의 시에 찬사를 보낸다. '~하니, ~데' 등의 산문적 서술성을 극복하고, '시적 말하기 방식 a way of saying'과 '압축적 제시'의 기법에 유의하면, 허남준의 시는 크게 도약할 수 있을 것으로 믿는다.

김 봉 군
문학박사·문학평론가·가톨릭대학교 명예교수

■ 격려의 글

시의 길 찾기와 매혹(魅惑)의 형상화

　저토록 '햇살이 출렁이는 인연의 땅' 쿠리고마 청운사는 아득한 수채화로 채색되는데 "님 계신 고운 자리엔/ 오늘도 내일도 꽃으로 피어나고 있다(안중근 의사 유묵이 있는 사원)" 엔 바람도 잠들어 적막하다. 이같이 숙명처럼 살아온 별빛 같은 운명, "지울 수 없는 노을길에 젖어/ 우리 곁에 머물고 있는 듯하다(쿠리고마 청운사)"라는 신선한 충격엔 못내 비장감이 묻어있다. 그렇다. "포성이 멈춘 지 반세기가 지났지만(DMZ 휴전선)" 그 적막감은 깊어져 가고 까닭 모를 정한(情恨)에 "밤하늘 달무리도 떠나는 흰 구름도/ 무심으로 흘러가니 (옥계폭포)"의 일면처럼 시적 형상화에 몰입하는 맑은 영혼과 따뜻한 감성의 허남준 시인은, 미적 주권의 확장을 위해 부단히 고뇌하는 정신작업의 종사자로 이 시대의 눈부신 자존감의 실체임은 자명하기에 그 자신의 시적 작위作爲는 「시의 길 찾기와 매혹魅惑의 형상화」이다.

엄 창 섭
문학박사, 가톨릭관동대 명예교수, 훈맥문학 상임고문

■ 격려의 글

깊이 잠재했던 의식이 자연과 소통함으로써 서정적 자아의 원형을 적시

　허남준은 서정시인이다. 그는 소박하면서도 순정미를 겸비한 자연과 인간을 조화롭게 교감하는 인본의 개념을 만유의 대자연과 공유하는 순수서정을 자연의 섭리에 순응, 동행하면서 그의 사유의 행간에서 시적인 진실을 토로하고 있다.
　그는 재제에서 나타났듯이 '억새꽃', '가을 산행'이나 '꽃잎 위 이슬, '비 오는 새벽길' 등에서 생명의 동반자 세월을 대입시켜서 자연과 인간이 상응하는 이미지를 창출하고 "무한한 세월 속 흔들리다 고개 숙여/ 그리움만 쌓여져 간다"거나 "지는 꽃잎에 이슬은/ 자연으로 돌아가는 슬픔의 눈물이었다."는 어조로 자신 에게 깊이 잠재했던 의식이 자연과 소통함으로써 서정적 자아의 원형을 적시하고 있는 것이다.
　또한 "낙엽과 흙의 향은 지난 추억과/ 슬펐던 일이 동시에 뇌리를 스쳐가기도 한다"는 가을 산행에서의 감응은 바로 그가 친자연적인 서정성이 휴머니즘과도 상통하는 시의 위의(威儀)이며 본령인 것이다. 자연이 우리들 인간과 정감적으로 교통하는 것은 상호 존재를 위해서 공존의 메시지를 발현하고 있는 것이다.

김 송 배
전) 한국문인협회 부이사장, 한국시인협회 심의위원

환귀본처還歸本處

허남준 시집

초판인쇄 / 2024년 10월 1일
초판발행 / 2024년 10월 5일
발행인 / 김영선
지은이 / 허남준
발행처/한맥문학출판부
　　　서울시 서대문구 통일로 479-5
　　　등록 1995년 9월 13일(제1-1927호)
　　　전화 02)725-0939, 725-0935
　　　팩스 02)732-8374
　　　이메일 hanmaekl@hanmail.net

값/13,000원

잘못된 책은 구입하신 서점에서 바꿔 드립니다.

ISBN 979-11-93702-10-9